新 HSK（五级）高分实战试卷 4

刘　云　主编

图书在版编目(CIP)数据

新HSK(五级)高分实战试卷.4/刘云主编.—北京:北京大学出版社,2012.10
(北大版新HSK应试辅导丛书)
ISBN 978-7-301-21227-1

Ⅰ.新… Ⅱ.刘… Ⅲ.汉语—对外汉语教学—水平考试—习题集 Ⅳ.H195-44

中国版本图书馆CIP数据核字(2012)第215488号

书　　　名:新HSK(五级)高分实战试卷4
著作责任者:刘　云　主编
责 任 编 辑:沈萌萌
标 准 书 号:ISBN 978-7-301-21227-1/H·3131
出 版 发 行:北京大学出版社
地　　　址:北京市海淀区成府路205号　100871
网　　　址:http://www.pup.cn
电 子 邮 箱:zpup@pup.pku.edu.cn
电　　　话:邮购部62752015　发行部62750672　编辑部62752028
出版部62754962
印　刷　者:三河市博文印刷厂
经　销　者:新华书店
787毫米×1092毫米　16开本　3.5印张　65千字
2012年10月第1版　2012年10月第1次印刷
定　　　价:12.00元

目　录

新 HSK（五级）

注　意

一、HSK（五级）分三部分：

1. 听力（45 题，约 30 分钟）

2. 阅读（45 题，40 分钟）

3. 书写（10 题，40 分钟）

二、答案先写在试卷上，最后 10 分钟再写在答题卡上。

三、全部考试约 125 分钟（含考生填写个人信息时间 5 分钟）。

中国　北京　　××××/××××××　编制

一、听力

（听力内容请登录 http://www.pup.cn/dl/newsmore.cfm?sSnom=d203 下载）

第一部分

第1—20题：请选出正确答案。

1. A 接孩子放学　　B 想找李老师
   C 参加读书比赛　　D 打算早点回家

2. A 觉得自己不饿　　B 正在家看电视
   C 不喜欢见陌生人　　D 想和同学一起玩

3. A 是做水果生意的　　B 给妈妈带了水果
   C 刚刚从家乡回来　　D 打算请大家吃饭

4. A 老师　　B 教练
   C 经理　　D 记者

5. A 上班不方便　　B 影响孩子学习
   C 觉得房租太贵　　D 那儿经常堵车

6. A 没听到敲门声　　B 自己逛街去了
   C 不想见到小李　　D 正在家里赶稿

7. A 优惠卡五百元一张　　B 所有商品都在打折
   C 暂时不能办会员卡　　D 消费五百元可以优惠

8. A 现在非常紧张　　B 想再排练一下
   C 对自己很有信心　　D 学习成绩非常好

9. A 太旧了　　B 摔坏了
   C 电池没电　　D 电池装错了

10. A 想休息一下　　B 期待下次活动
    C 希望早些回家　　D 觉得身体不好

11. A 感觉床有些大　　B 这套家具太贵
    C 这张床不舒服　　D 儿子可能不喜欢

—

12. A 男的很麻烦
    B 可以用信用卡
    C 自己包里有钱
    D 带现金不安全

13. A 男的
    B 女的
    C 王玲
    D 经理

14. A 兴奋
    B 失望
    C 痛苦
    D 紧张

15. A 晚会时间太长
    B 必须删除一些节目
    C 时间应再提前一些
    D 需要换一下主持人

16. A 自己现在去饭店
    B 去找小张
    C 安排时间和场地
    D 马上给李经理打电话

17. A 打算送孩子去学下棋
    B 孩子受了爸爸的影响
    C 孩子下棋影响了学习
    D 孩子的象棋下得很好

18. A 孩子不听话
    B 工作不顺利
    C 没完成采访
    D 家务太多了

19. A 一块五毛
    B 两块
    C 两块五毛
    D 三块

20. A 非常轻松
    B 压力很大
    C 都很严肃
    D 十分激动

第二部分

第21—45题：请选出正确答案。

21. A 现在有优惠活动　　B 他认识饭店老板
    C 那儿离公司很近　　D 他喜欢吃那儿的菜

22. A 加油站　　B 停车场
    C 汽车修理店　　D 出租汽车公司

23. A 星期一　　B 星期二
    C 星期三　　D 星期四

24. A 男的是游泳教练　　B 女的想去学游泳
    C 他们是同班同学　　D 游泳班价格很贵

25. A 超市　　B 医院
    C 家里　　D 饭店

26. A 演员形象　　B 服装颜色
    C 化妆技术　　D 故事内容

27. A 可以送货上门　　B 价格不能再低
    C 颜色不太好看　　D 质量有些不好

28. A 会场　　B 公司
    C 饭店　　D 旅行社

29. A 他们现在在看照片　　B 王玲现在在北戴河
    C 女的想去拍婚纱照　　D 男的是一位摄影师

30. A 在赶时间　　B 觉得外面脏
    C 自行车坏了　　D 想回家看看

31. A 害怕被罚更多的钱　　B 觉得小张说得有道理
    C 认识到了自己的错误　　D 不肯承认自己比别人老

32. A 带着枪　　B 化了装
    C 受伤了　　D 有些瘦

33. A 同事的配合 B 群众的帮助
C 局长的指挥 D 细心的观察

34. A 每天都要起得很早 B 要花很长时间扫树叶
C 邻居家孩子欺负自己 D 没有适合自己的工具

35. A 把院子里的树砍掉 B 半夜起来打扫树叶
C 找朋友来一起清理 D 先把树上的叶子摇掉

36. A 自己多了个好朋友 B 得到了父亲的表扬
C 不用每天打扫 D 邻居帮自己扫了树叶

37. A 要做一个诚实的孩子 B 要学会理解原谅对方
C 不能随便相信别人的话 D 不要过分担心明天的事

38. A 帮自己写调查报告 B 去做一份市场调查
C 帮自己出面接一项业务 D 找两个人帮自己工作

39. A 并没放在心上 B 向委托人反映
C 要求朋友改过来 D 自己改了过来

40. A 觉得他工作态度不好 B 觉得他对自己没礼貌
C 认为他的工作能力差 D 认为他的形象有些差

41. A 非常愤怒 B 十分后悔
C 有些着急 D 相当自豪

42. A 个子非常大 B 还没有成年
C 领导能力很强 D 长相与众不同

43. A 想把羊还给主人 B 觉得五万块太少
C 不舍得把羊卖掉 D 买羊的人态度不好

44. A 他的羊很普通 B 他非常同情穷人
C 他不喜欢被人打扰 D 那只公羊不在他那儿了

45. A 非常糊涂 B 胆小怕事
C 充满智慧 D 有些小气

二、阅 读

第 一 部 分

第 46—60 题：请选出正确答案。

46—48.

一个小女孩儿和她的父亲过桥。父亲担心自己的女儿，于是他对女儿说："握住我的手，这样，你就不会落入河中了。"

小女孩儿 __46__ 了一下说："不，爸爸，你握住我的手。"

"这有什么区别吗？"父亲不解地问。

"这有很大的不同，"小女孩儿回答说，"如果我握住你的手，事情发生在我身上的时候，__47__ 我走不稳要掉下河去，我 __48__ 能拉住你，并可能放开你的手。但是，如果你握住我的手，不管发生什么事情，你都不会让我掉下去的。"

46. A 慌张　　B 幻想　　C 犹豫　　D 委屈

47. A 比如　　B 相似　　C 相同　　D 要不

48. A 肯定　　B 未必　　C 相信　　D 不免

49—52.

有一个中年妇女去买彩票，花四十元买了二十张，她撕开一张，没中，又 __49__ 希望地撕开一张，还是没中。一连撕了十几张，都跟中奖号码差之千里。最后她 __50__ 了，马马虎虎地撕开几张后，连同最后一张没撕开的彩票 __51__ 。

正好一位路过的老者看见了，他低头把那张彩票 __52__ 了起来，你可能猜到了——他获得了头等奖：一辆非常漂亮的汽车。

49. A 实现　　B 形成　　C 充满　　D 包括

50. A 不耐烦　　B 不要紧　　C 不见得　　D 不得了

51. A 都送给了别人　　B 全装进了包里
    C 一块儿扔到了地上　　D 一起还给了卖彩票的人

52. A 选　　B 买　　C 捡　　D 扶

53—56.

有一家著名学院发生了一件“学校大事”。

校方在工程检查后发现，有 350 年历史的学校会场的安全性已经出了问题。二十根由巨大橡木制成的支架，已经风干损坏，必须得抽换才行。

校方也请人估算了将橡木更新的价格，由于那么巨大的橡木已经非常少了，预估每根橡木要花 25 万元，才能完成这＿53＿工程，而且也没＿54＿能找到那么多的橡树。

巨款一算出来，校方傻了眼，如果不想办法让大家捐钱，恐怕没有办法进行整修。

这时，却有个天降的好消息化解了危机。学校园艺所负责人前来＿55＿：在 350 年前，设计该会场的建筑师，已经想到后代会面临的困境，所以早早请园艺人员在学校所拥有的土地上种植了一片橡树林，现在，每一棵橡树的大小，早就超过了支架所需。

在 350 年后，这位建筑师的＿56＿，这才是真正的远见。

53. A 份　　B 项　　C 片　　D 种

54. A 理由　　B 道理　　C 把握　　D 幸运

55. A 咨询　　B 接待　　C 说服　　D 汇报

56. A 名气越来越大了　　B 学生也成了大师
    C 技术更值得称赞　　D 用心让人不得不佩服

57—60.

穿行在＿57＿中的两个人是一对好朋友。途中，两个人发生了＿58＿的争吵，其中一个人打了另一个人一记响亮的耳光。被打耳光的这个人什么话也没说，只是在沙子上写上：“今天，我最好的朋友在我脸上打了一耳光。”

他们继续行走，终于发现一片绿洲，两人迫不及待地跳进水中洗澡。很不幸，被打耳光的那个人遇到了危险，眼看就要沉到水底，＿59＿他的朋友舍命相救，他终于脱险了。被救的人什么话也没有说，只是在石头上写上：“今天，我最好的朋友救了我的命。”

打人和救人的这个人问：“我打你的时候，你记在沙子上，我救你的时候，你记在石头上，为什么？”

另一个人答道：“当你有负于我的时候，我把它记在沙子上，风一吹，什么都没有了，而当你救我的时候，我把它记在石头上，__60__。”

57. A 沙漠　B 森林　C 山路　D 田野

58. A 热情　B 疲劳　C 激烈　D 热闹

59. A 居然　B 幸亏　C 毕竟　D 始终

60. A 风是吹不走石头的　B 这块儿石头对我很重要
C 什么时候都不会忘记　D 石头就会变得很有价值

第二部分

第61—70题：请选出与试题内容一致的一项。

61. 长江黄金一号是目前长江上游尺寸最大、最豪华的邮轮，船上不仅可停靠直升机，还可以打高尔夫，还有露天游泳池等很多娱乐设施，就像一座江面上的五星级度假村。长江黄金一号于2月28日在重庆东风造船厂开工建造，5月22日，长江黄金一号下水首航。

A 长江黄金一号是度假村
B 长江黄金一号5月22日开始使用
C 人们喜欢在邮轮上打高尔夫球
D 长江黄金一号是尺寸最大的邮轮

62. 世上最早发现并利用茶的人据说是神农氏。相传在公元前2737年时，他意外地喝到加了野生茶树的叶子所煮的水，觉得异常舒服。在公元780年左右，陆羽将他对茶的考察和经验集结成《茶经》，这是世上第一部茶书。而在此之前，人们对茶的叫法比较混乱，陆羽在书里则统一用其中的"茶"字，对于后世确立以"茶"字为总称起到了关键作用。

A 陆羽确立了"茶"为总称
B 陆羽写了历史上第一部茶书
C 世界上最早发现茶的是神农氏
D 神农氏喜欢喝茶树叶子煮的水

63. 火把节是西南一些少数民族古老而重要的传统节日，有着深厚的民俗文化内涵，被称为"东方的狂欢节"。不同的民族举行火把节的时间也不同，大多是在农历的六月二十四日，主要活动有斗牛、斗羊、斗鸡、赛马、歌舞表演、选美等。在新时代，火把节有了新的民俗功能，产生了新的形式。

A 火把节的主要内容是表演
B 火把节在农历六月二十四日
C 火把节是西南地区的重要节日
D 现在的火把节和以前不太一样

64.《水浒传》是中国历史上第一部用白话语言写成的长篇小说，原名《江湖豪客传》。《水浒传》的题名是由罗贯中所命，在当时为禁书。《水浒传》的作者历来有争议，一般人认为是施耐庵和罗贯中据民间流传宋江起义的故事所写的。

A《水浒传》是一本禁书

B《水浒传》是民间流传的故事

C《水浒传》是中国长篇白话小说

D《水浒传》的作者是施耐庵和罗贯中

65. ISO是国际标准化组织的英语简称，来源于希腊语“ISOS”，是平等之意。国际标准化组织是由各国标准化团体组成的世界性联合会。制定国际标准工作通常由ISO的技术委员会完成。中国是ISO的正式成员，代表中国的组织为中国国家标准化管理委员会。

A ISO是希腊语的词语

B 国际标准化组织是世界性组织

C 国际标准由ISO的技术人员制定

D 中国国家标准化管理委员会制定中国的标准

66. 冬虫夏草，又称为夏草冬虫，简称虫草。在国外一些人的概念中，冬虫夏草是一个统称。然而事实上，中国传统的中医药学和我国绝大部分人所指的冬虫夏草，是特指中华虫草菌寄生后形成的结合体，仅分布于我国青藏高原及周边地区。

A 冬虫夏草是传统中药

B 虫草分为冬虫夏草和夏草冬虫

C 国内外说的冬虫夏草不完全一样

D 冬虫夏草不仅分布在中国

67. 鬼谷子，名王诩，是东周战国时卫国人，住在朝歌附近的鬼谷，自称鬼谷先生。鬼谷子是中国历史上一位极具神秘色彩的人物，是春秋战国时期著名的思想家、谋略家、兵家、教育家，是纵横家的始祖，历史上有名的军事家孙膑、庞涓，纵横家苏秦、张仪都是他的学生。

A 住所是鬼谷子名字的来源
B 鬼谷先生是别人给王诩起的名字
C 鬼谷子是中国历史上最神秘的人物
D 历史上有名的军事家都是鬼谷子的学生

68. 我们快考试了，同屋十分感慨地跟我说："通过这段时间的复习，我发现，书与游戏机是分不开的。"我以为他有了什么新发现要说，谁知道他接着说："每当我玩游戏机时，总会想到该去看书了；可是每当我打开书开始复习时，却又放不下游戏机。"

A 我很喜欢自学
B 书和游戏机是分不开的
C 同屋太爱玩游戏机了
D 同屋一边看书一边玩游戏机

69. 四象在中国传统文化中指青龙、白虎、朱雀、玄武，分别代表东西南北四个方向，源于中国古代的星宿信仰。在二十八宿中，四象用来划分天上的星星，也称四神、四灵。四象在春秋易传的天文阴阳学说中，是指四季天然气象。四象的概念在古代日本和朝鲜极度受重视，这些国家常称为四圣、四圣兽。

A 四象的概念和星象有关
B 四象只是用来表示四种方向
C 四象概念在日本、朝鲜极受重视
D 四象在日本、朝鲜没有改变名字

70. 羊群心理，也叫从众心理或群居本能，指追随大众的想法及行为，缺乏自己的个性和主见的状态。羊群心理是缺乏个性导致的思维或行为方式。社会上时常出现各种各样的热潮，例如抢购潮、择校潮、留学潮等等，这些热潮一般是引导者充分利用了许多人的羊群心理而形成的，也有许多时候，并不需要引导，人们觉得跟风对自己有利，便自觉地跟风。

A 跟风对人有利

B 人们跟风是需要引导的

C 羊群心理是可以被利用的

D 群居本能是指人们喜欢住在一起

第三部分

第71—90题:请选出正确答案。

71—75.

一个爱好登山的年轻人独自去登山。在他登山的过程中,被一块儿很大的石头挡住了去路。他试图将石头推开,巨石却突然向下一滑,将他的右手和前臂压在了旁边的石壁上。年轻人忍着剧痛,使劲用左手推巨石,希望能将手臂抽出来,然而千斤巨石凭一臂之力,怎能推得动?一点儿力气都没有了的年轻人终于知道,最好还是保存体力,等待别人发现自己。然而第二天早晨,又累又饿,全身无力的年轻人从睡梦中醒来时才发现,他所在的地方太远,救援人员根本不可能找到这里,要想活命,唯一的办法就是断臂。主意已定,年轻人折断自己的骨头,用随身带着的小刀切断右臂,然后艰难地顺着原路返回。虽然忍受了常人难以想象的巨痛,但这个年轻人最终自救成功。

在人生的旅途中,难免会像这位年轻人那样遇上险境,但如果能坚守住生命中最后一线希望,你就多了一次机遇。或许,正是那最后的努力,会让你收获一个亮丽的人生。

71. 年轻人在爬山时遇到了什么情况?

A 道路被堵住了　　B 掉到了山下面
C 不小心摔倒了　　D 在山上迷路了

72. 年轻人哪儿受伤了?

A 脚　　B 腿
C 头部　　D 胳膊

73. 年轻人最初打算:

A 大声呼救　　B 给朋友打电话
C 自己想办法回家　　D 等待有人来救自己

74. 第二天,年轻人做了什么举动?

A 把衣服扔到山顶　　B 丢掉身上的东西
C 舍弃自己的手臂　　D 找人把石头推开

75. 用下面哪个词语来形容这个年轻人最合适？

A 害羞　　B 善良

C 悲观　　D 勇敢

76—80.

有对夫妇养了只鸭子，他们每天傍晚带着家里的宠物狗出门散步时，鸭子也要跟着去。夫妇、鸭子、狗一同散步，这成了当地一道罕见而有趣的景观。更为奇特的是，那只鸭子学狗叫学得很像，很是逗人发笑。很快，这只鸭子便成了当地的奇闻。

其实，这只鸭子也是一般的鸭子，只是刚出世不久就被主人从农场领回家中喂养，自小跟两条宠物狗一起生活，处处受狗的影响，不知不觉形成了一种自我形象的错觉：鸭子居然把自己当成了狗。

我们对比一下"狼孩的故事"，就会觉得：其实鸭子变得狗模狗样也是可能的。一件看似不可能的事情，只要有一股坚持的精神，往往也会变为可能。鸭子正是用它每日每时的执著，从不间断地模仿狗，始终坚持认为自己也是一只"狗"，于是，就发生了奇迹。

76. 当地有什么景观？

A 每家都喂许多鸭子　　B 鸭子长得非常漂亮

C 鸭子有独特的本领　　D 鸭子和狗跟主人一起出门散步

77. 文章第一段中"罕见"的意思是：

A 非常珍惜　　B 很少见到

C 不能理解　　D 让人感动

78. 这只鸭子有什么特点？

A 可以捉许多鱼　　B 走路姿势好看

C 能逗主人开心　　D 模仿其他动物

79. 鸭子认为自己：

A 非常聪明　　B 特别珍贵

C 是一条狗　　D 长得漂亮

80. 鸭子为什么会这样？

A 主人训练的结果　　　　B 受到环境的影响

C 它有奇特的功能　　　　D 在农场里学到的

81—85.

在一家餐馆里，一位老太太买了一碗汤，在餐桌前坐下，突然想起忘记取面包，她起身去取面包，重又返回餐桌，然而令她吃惊的是，自己的座位上坐着一位身材高大的年轻人，正在喝着她那碗汤。

“这个人怎么可以这样？他无权喝我的汤！”老太太气呼呼地想着，“可是，也许他太穷了，太饿了，我还是别说什么了，不过也不能让他一人把汤全喝完了。”于是，老太太装作若无其事的样子，与年轻人同桌，面对面地坐下，拿起了汤匙，不声不响地喝起了汤。就这样，一碗汤被两个人共同喝着，你喝一口，我喝一口，两个人互相看看，都默默无语。这时，年轻人突然站起身，端来一大盘面条，放在老太太面前，面条上放着两把叉子。两个人继续吃着，吃完后，各自直起身，准备离去。“再见！”老太太友好地说。“再见！”年轻人热情地回答，他显得特别愉快，感到非常欣慰，因为他自认为今天帮助了一位穷困的老人。年轻人走后，老太太才发现，旁边的一张饭桌上，放着一碗无人喝的汤，正是她自己的那一碗。

生活就是这样的纷繁复杂，人与人之间的误会和矛盾时常会发生，只要心地善良、互谅互让，误会和矛盾也能变得令人感动和难以忘怀。

81. 老太太拿面包回来发现了什么？

A 自己的汤不见了　　　　B 位子被别人占了

C 店员忘了找钱　　　　D 遇到了一位朋友

82. 老太太认为年轻人：

A 是个小偷　　　　B 没钱吃饭

C 坐错位置　　　　D 非常善良

83. 可以代替文中第二段“若无其事”的词语是：

A 不动声色　　　　B 默默无语

C 谦虚谨慎　　　　D 心中有数

84. 年轻人为什么感到很高兴？

A 餐馆的饭菜很好吃　　B 认为自己做了件好事

C 吃了顿免费的饭菜　　D 老太太对他表示友好

85. 可以作为这篇文章题目的是：

A 看清自己　　B 换位思考

C 美丽的误会　　D 放弃也是得到

86—90.

有个中年男子，20 多岁进入一家银行时，因待遇不错，所以很满意。但工作了三年后，不免因固定的事务性工作而疲乏，有换跑道的念头，正好这时他结婚了，开始有经济压力。于是他便想：重新找工作后未必能有这么好的待遇，还是忍忍吧！

过了两年，妻子生孩子了，家庭的开销更大了。他又告诉自己：再等十年吧，等孩子长大了，太太也可以出去工作，那时我再离开吧！

过了十年，他的孩子是长大了，但教育费用的压力随之而来。这时，他只好安慰自己说：没关系，就这样生活下去吧，等我退休了，一切都会转好的。为了这个家，反正我已没指望了，所有梦想也都没有了。但是，等我退休后，起码我可以不再为工作烦心，可以带着太太去国外走一走，说不定那时还有余力换个好一点儿的房子。

等他快退休了，有一天逛百货公司，看到一套很喜欢的西装，想买，但一看标价，啊，要 1760 元。想想：唉，反正家里还有两套西装，算了，退休后何必穿那么漂亮？继续逛下去，又看到一件纯羊毛背心很中意，但是，售价要 430 元。他随即念头一转：冬天还能冷几天？两个月很快就过去了，何必浪费？

人生有几个十年？这个人在等待中度过了一生，平凡普通。他并不是没想过要改变现状，只是由于当时的压力、困境而放弃了，一生便注定无所作为。

86. 文中第一段“换跑道”的意思是：

A 换个单位　　B 改变性格

C 发现缺点　　D 希望升职

87. 男子认为等到孩子十岁的时候：

A 自己的工作会更顺利　　B 家庭经济压力会减轻

C 妻子就可以不用工作　　D 要制订一个人生计划

88. 男子打算退休后：

A 再找份工作　　B 到国外旅游

C 去学些东西　　D 陪太太逛街

89. 男子为什么没买那套西服？

A 感觉太贵　　B 穿着不舒服

C 家里西服很多　　D 打算明年再买

90. 根据本文内容，一个人要想有所作为要：

A 提高文化水平　　B 有家人的支持

C 有份稳定的工作　　D 有改变现状的勇气

三、书　写

第一部分

第 91—98 题：完成句子。

例如：发表　　这篇论文　　什么时候　　是　　的

这篇论文是什么时候发表的？

91. 一定　　这个机会　　我　　好好　　把握　　会

92. 那个秘密　　真的　　告诉她　　很后悔　　我

93. 最好　　你　　打电话　　先　　咨询一下

94. 到　　加班　　经理　　一直　　夜里两点

95. 她　　录取　　没想到　　北京大学　　会　　竟然　　被

96. 唱歌　　一只小鸟　　窗外的树上　　有　　在

97. 她家　　邀请　　中国同学　　去　　我　　过年

98. 教　　这个讲座　　大家　　的　　是　　如何投资

第二部分

第99—100题：写短文。

99. 请结合下列词语（要全部使用），写一篇80字左右的短文。

日程　　紧张　　展览　　谈判　　遗憾

100. 请结合这张图片写一篇80字左右的短文。

答　案

一、听　力

第一部分

1. B	2. B	3. C	4. A	5. B
6. A	7. C	8. C	9. D	10. B
11. A	12. B	13. D	14. D	15. C
16. A	17. B	18. B	19. D	20. A

第二部分

21. A	22. B	23. A	24. D	25. C
26. A	27. B	28. C	29. A	30. B
31. D	32. B	33. D	34. B	35. D
36. C	37. D	38. C	39. A	40. A
41. B	42. D	43. C	44. A	45. C

二、阅　读

第一部分

46. C	47. A	48. B	49. C	50. A
51. C	52. C	53. B	54. C	55. D
56. D	57. A	58. C	59. B	60. C

第二部分

61. B	62. B	63. D	64. C	65. B
66. C	67. A	68. C	69. A	70. C

第三部分

71. A	72. D	73. D	74. C	75. D
76. D	77. B	78. D	79. C	80. B
81. B	82. B	83. A	84. B	85. C
86. A	87. B	88. B	89. A	90. D

三、书　写

第一部分

91. 我一定会好好把握这个机会。
92. 我真的很后悔告诉她那个秘密。
93. 你最好先打电话咨询一下。
94. 经理一直加班到夜里两点。
95. 她没想到竟然会被北京大学录取。
96. 窗外的树上有一只小鸟在唱歌。
97. 中国同学邀请我去她家过年。
98. 这个讲座是教大家如何投资的。

第二部分

（参考答案）

99. 这周国家图书馆将举行一场书法展览，我是一名书法爱好者，自然非常想参加。但遗憾的是，公司有一场很重要的谈判需要我参加，所以日程特别紧张。看展览的计划只能取消了。

100. 今天是我的生日，但是好像爸爸妈妈把这个重要的日子给忘了，谁也没有提。吃晚饭的时候，我很不开心，这时妈妈像变魔术一样突然端出一个大蛋糕，原来他们是想给我一个惊喜呢。

听力材料及听力部分题解

（音乐，30 秒，渐弱）

大家好！欢迎参加 HSK（五级）考试。
大家好！欢迎参加 HSK（五级）考试。
大家好！欢迎参加 HSK（五级）考试。

HSK（五级）听力考试分两部分，共 45 题。
请大家注意，听力考试现在开始。

第一部分

第 1 到 20 题：请选出正确答案。现在开始第 1 题：

1.

女：师傅，你们学校中午都是几点放学啊？
男：十一点半，不过今天四年级有个读书比赛，时间会比较长，李老师可能得晚一点儿才出来。
问：女的想做什么？

A 接孩子放学　**B 想找李老师**
C 参加读书比赛　D 打算早点回家

【题解】根据“李老师可能得晚一点儿才出来”可以知道，女的问几点放学，是想知道李老师下班的时间，而“四年级有个读书比赛”是解释李老师不按时下班的原因，正确答案是 B。

2.

男：那天说好咱们都把孩子带来，一起吃顿饭的，怎么只有你们夫妻两个来了？
女：别提了，我家儿子从昨天放假就开始在家里看电视，说是他同学推荐的，特别好看，我说要带他来吃饭，他说什么也不愿意来。
问：女的的儿子为什么不愿意去吃饭？

A 觉得自己不饿　**B 正在家看电视**
C 不喜欢见陌生人　D 想和同学一起玩

【题解】根据“从昨天放假就开始在家里看电视”可以知道，女的的儿子不去吃饭是因为想看同学推荐的电视剧。正确答案是 B。

3.

女：小李，这种果子只有你们家乡才有吧？味道真不错。
男：是啊，这是我们那儿的特产，我回来的时候我妈特意嘱咐我带的，给大家尝尝。
问：关于男的，可以知道什么？

A 是做水果生意的
B 给妈妈带了水果
C 刚刚从家乡回来
D 打算请大家吃饭

【题解】听力材料中提到“这种果子只有你们家乡才有吧”、“我回来的时候我妈特意嘱咐我带的”，由此可知，男的去了家乡，回来的时候带来了当地的特产给朋友吃，所以，他刚刚从家乡回来。正确答案是C。

4.

男：你今天怎么回来这么晚？我都从公司回来好一会儿了。
女：今天接到通知，我们班排的“庆十一”的一个节目，下个星期要去参加市里的比赛，主任让我给那些孩子再做一下指导。
问：女的最可能是做什么的？

A 老师　B 教练　C 经理　D 记者

【题解】考生应该知道，班级一般是跟学校有关的，根据听力材料中“我们班”、“给那些孩子”可以知道，女的在学校工作，她是位老师。正确答案是A。

5.

男：你在这儿住得好好的，为什么要搬啊？新房子离公司还那么远。
女：你看，这楼下就是个菜市场，天天吵得很，我儿子明年就高三了，我想给他找一个好一点儿的学习环境。
问：女的为什么不想住原来的房子？

A 上班不方便　**B 影响孩子学习**
C 觉得房租太贵　D 那儿经常堵车

【题解】根据“楼下就是个菜市场，天天吵得很”、“想给他找一个好一点儿的学习环境”可以知道，女的认为这儿的环境不好，会影响到孩子学习。正确答案是B。

6.

男：你上午干什么去了？小李来家里送东西，敲了半天的门也没人开。
女：我在家睡觉呢，昨天晚上为了一份稿子弄到十二点多。
问：女的为什么没给小李开门？

A 没听到敲门声　B 自己逛街去了
C 不想见到小李　D 正在家里赶稿

【题解】听力材料中，女的说“在家睡觉呢”，因为“昨天晚上为了一份稿子弄到十二点多”，可知她昨天晚上没睡好，所以上午在家睡觉，小李来的时候，她睡着了，没听到敲门声。正确答案是A。

7.

女：请问，现在要办会员卡，需要什么手续？
男：现在会员卡已经停办了，不过，如果你一次性在我们这儿消费五百元以上，我们可以给你办一张优惠卡，凭优惠卡购买我们任何商品都可以打八折。
问：男的主要是什么意思？

A 优惠卡五百元一张
B 所有商品都在打折
C 暂时不能办会员卡
D 消费五百元可以优惠

【题解】听力材料中男的告诉女的“现在会员卡已经停办了”，也就是现在不能给女的办会员卡的意思。正确答案是C。

8.

男：还有两天就要正式演出了，你一定不要紧张，放轻松，就像平时排练一样表现就可以了。
女：老师，你比我还紧张呢。你放心吧，我一定给你拿个一等奖回来！
问：关于女的，可以知道什么？

A 现在非常紧张
B 想再排练一下
C 对自己很有信心
D 学习成绩非常好

【题解】听力材料中女的对男的说“你比我还紧张呢”，说明女的并不紧张；“我一定给你拿个一等奖回来”，说明女的非常自信。正确答案是C。

9.

女：我的录音笔怎么又不能用了？昨天我才刚换的新电池。
男：哪有你这样装电池的，根本就装反了。
问：女的的录音笔怎么了？

A 太旧了　　B 摔坏了
C 电池没电　　**D 电池装错了**

【题解】关于录音笔，听力材料中并没有提及“旧了”或是“坏了”，在选项中跟“电池”有关的只有C和D，根据“根本就装反了”可以知道，女的把电池的位置装错了。正确答案是D。

10.

男：感觉怎么样？是不是很累？
女：累，但是很锻炼身体，也很开心，如果下次还有这种活动，我还会来的。
问：女的主要是什么意思？

A 想休息一下　　**B 期待下次活动**

C 希望早些回家　D 觉得身体不好

【题解】根据“如果下次还有这种活动，我还会来的”可以知道，女的很喜欢这种活动，期待还有下一次。正确答案是 B。

11.

女：我觉得这套家具放在儿子房间很漂亮，你觉得呢？
男：样式和颜色都挺不错的，不过我感觉这张床能再窄一些就好了，那个房间不算大，这床放进去，就没什么空儿了。
问：男的有什么看法？

A 感觉床有些大　B 这套家具太贵
C 这张床不舒服　D 儿子可能不喜欢

【题解】听力材料中男的对床的感觉是“能再窄一些就好了”，觉得“这床放进去，就没什么空了”，也就是房间的空间都被床占去了，由此可知，男的认为床有些大了。正确答案是 A。

12.

男：我钱包里没有钱了，要不，你先在车上等我一下，我去取点儿钱再去商场？
女：你带卡了吧？带卡就不用再取现金了，那儿可以刷卡。
问：女的是什么意思？

A 男的很麻烦　**B 可以用信用卡**
C 自己包里有钱　D 带现金不安全

【题解】根据“那儿可以刷卡”可以知道，女的告诉男的，那家商场可以使用信用卡。正确答案是 B。

13.

男：小李，你把上个星期的会议记录找一下，经理说要看看。
女：早上刚上班的时候，王玲已经来拿走交给他了。
问：会议记录现在在谁那儿？

A 男的　B 女的　C 王玲　**D 经理**

【题解】听力材料中男的说“经理要看会议记录”，女的回答“王玲已经交给他了”，此处的“他”是指经理。而王玲只是把记录拿过去的人。正确答案是 D。

14.

男：老师，我忽然有些害怕，如果我表现得不好怎么办？
女：你放轻松，就当下面的观众都是咱们班的同学，像平时你在班里表演一样就行了。
问：男的现在的心情怎么样？

A 兴奋　B 失望　C 痛苦　**D 紧张**

【题解】根据“我忽然有些害怕，如果我表现得不好怎么办”可以知道，男的担心自己可能会表现不好，现在非常紧张。正确答案是 D。

15.

女：节目表你看了吧？安排得怎么样？
男：节目是没什么问题的，王玲和李杰来主持也可以，不过，时间安排在八点是不是有点儿晚了？晚会差不多要三个小时，这样的话，结束时要到十一点了。
问：男的有什么看法？

A 晚会时间太长
B 必须删除一些节目
C 时间应再提前一些
D 需要换一下主持人

【题解】听力材料中男的对节目和主持人都是持肯定态度的，所以B和D都是错误的。“是不是有点儿晚了”的意思是男的认为晚会结束时间有点晚，但是晚会结束晚的原因，不是节目时间长，而是晚会开始时间晚。由此可知，男的认为晚会开始的时间是应该提前一些。正确答案是C。

16.

男：小张，明天晚上宴会的事情准备得怎么样了？
女：我昨天和饭店的李经理联系过，时间场地已经定下来了，马上我再过去看一下具体情况。
问：女的准备做什么？

A 自己现在去饭店
B 去找小张
C 安排时间和场地
D 马上给李经理打电话

【题解】根据“我昨天和饭店的李经理联系过”、“马上再过去看一下”可以知道，女的马上要去李经理那儿再看一下，由此可知女的现在要去饭店。正确答案是A。

17.

男：真看不出来，你家这孩子这么小就会下象棋了，而且下得还不错呢。
女：他爸爸喜欢下象棋，他经常在一旁看，时间长了也没人教他，他自己就学会了。
问：女的是什么意思？

A 打算送孩子去学下棋
B 孩子受了爸爸的影响
C 孩子下棋影响了学习
D 孩子的象棋下得很好

【题解】根据“他爸爸喜欢下象棋，他经常在一旁看”可以知道，孩子会下象棋是因为经常看爸爸下棋，受了他的影响。正确答案是B。

18.

男：你今天是怎么了？一点儿小事就生气，孩子也不是故意要打破盘子的。是不是遇到什么事情了？

女：我真受不了我们新上任的台长，我写一篇采访稿，他一直让我改，非得按照他的思路去写才行。
问：女的为什么生气？

A 孩子不听话　　**B 工作不顺利**
C 没完成采访　　D 家务太多了

【题解】在听力材料中，对于男的的询问，女的的回答是跟工作有关的，所以选项A和D都是错的，根据“我写一篇采访稿，他一直让我改”可以知道，女的写稿子的过程不顺利，因此B是正确答案。

19.

男：今天超市的肥皂不要钱吗？你买了这么多？
女：今天他们的日用品在做“买一送一”的优惠活动，这八块肥皂才要十二块钱，便宜吧？
问：超市的肥皂多少钱一块？

A 一块五毛　　B 两块
C 两块五毛　　**D 三块**

【题解】对于此类数字题，考生要弄清材料中出现的关键词，如本题中“买一送一”，意思是买四块肥皂送四块肥皂，因此“这八块肥皂才要十二块钱”，实际上只是付了四块肥皂的钱，肥皂是三块钱一块。正确答案是D。

20.

女：下午就正式比赛了，同学们应该都很紧张吧，咱们还是去看一看吧。
男：他们的状态很好，刚才我从教室那儿过，看到他们还在那儿互相开玩笑，一点儿也不紧张。
问：同学们现在怎么样？

A 非常轻松　　B 压力很大
C 都很严肃　　D 十分激动

【题解】听力材料中“应该都很紧张吧”只是女的的猜测，而实际情况是“他们在互相开玩笑，一点儿也不紧张”，由此可知，同学们现在都十分轻松。正确答案是A。

第二部分

第21到45题：请选出正确答案。现在开始第21题：

21.

女：你去东方大道那家新开的饭店吃过饭吗？

男：去过，里面的环境不错，服务员态度也很好，就是价格贵了点儿。

女：我正犹豫着咱们周五晚上的公司聚餐是不是订在那儿呢。

男：现在在那儿订桌可以打八折，他们的开业优惠期到下个星期才结束。

问：男的为什么推荐那家饭店？

A 现在有优惠活动

B 他认识饭店老板

C 那儿离公司很近

D 他喜欢吃那儿的菜

【题解】根据“现在在那儿订桌可以打八折”可以知道，现在那家饭店有优惠活动，可以打折，所以男的建议去那家饭店吃饭。正确答案是A。

22.

女：在这儿停车每小时多少钱？

男：一小时十块钱。

女：那要是停了一小时十分钟呢？

男：二十块钱，小姐。因为我们是按照整点收费的。

问：女的现在在哪儿？

A 加油站　　**B 停车场**

C 汽车修理店　　D 出租汽车公司

【题解】根据“停车每小时多少钱”、“一小时十块钱”可以知道，女的在了解停车场的价格，“因为我们是按照整点收费”说明男的是停车场工作人员，而根据“在这儿”可知女的现在在停车场。正确答案是B。

23.

女：你的读后感写好了没有？

男：什么读后感？

女：上个星期四英语老师不是让咱们每人选读一本英文书，然后再写一篇读后感？星期三就要交了。

男：天哪，我给忘了，我现在赶紧去图书馆借本书去，还有明天一天的时间，应该能来得及。

问：今天是星期几？

A 星期一　　B 星期二

C 星期三　　D 星期四

【题解】听力材料中“星期三就要交了”和“还有明天一天的时间”可以证明，过了明天就是星期三，也就是说明天是星期二，由此可知，今天是星期一。正确答案是A。

24.

女：暑假我打算送我女儿去学游泳，省得她在家老是看电视。
男：学游泳是很不错的，我也准备带我儿子去呢。
女：我那天打听了一下，体育馆有个游泳班，包教会，学费一千六，我觉得太厉害了。
男：还上什么游泳班？我就可以教孩子们了，上学的时候，我是我们校游泳队队长。
问：根据对话可以知道什么？

A 男的是游泳教练
B 女的想去学游泳
C 他们是同班同学
D 游泳班价格很贵

【题解】听力材料中提到"学费一千六，我觉得太厉害了"，一般中国人对于价格用"太厉害"来形容就是指太贵，所以正确答案是D。男的说"我就可以教孩子们"是因为他认为他"上学的时候是校游泳队队长"，游泳技术很好，并不代表他现在就是游泳教练。

25.

男：你今天的脸色看起来不太好，有什么事吗？
女：上午连做了两个手术。下午又接着开会，累死了。
男：那你先休息一下，我去超市买点儿菜，咱们晚上吃西红柿面条怎么样？
女：你看着做吧。
问：女的现在最可能在哪儿？

A 超市　B 医院　**C 家里**　D 饭店

【题解】按照时间顺序来说，"上午连做了两个手术，下午接着开会"，那现在最早也只能是傍晚。"你先休息一下，我去买菜，咱们晚上吃面条"，这些最可能是夫妻之间出现的语言，由此证明，这是女的傍晚下班到家后和丈夫之间的对话。正确答案是C。

26.

女：昨天看那电影，感觉怎么样？
男：内容还可以，不过我觉得男一号选得不好。
女：他演得不错啊，尤其是后来的老年形象，从说话的语气到走路的姿势，让人根本看不出他才三十多岁。
男：可能是以前看多了他演的喜剧，现在一看到他的样子就想笑，感觉他不适合演这么严肃的角色。
问：男的对什么感到不满意？

A 演员形象　B 服装颜色
C 化妆技术　D 故事内容

【题解】听力材料中男的对男一号的感

觉是"一看到他的样子就想笑",认为"他不适合演这么严肃的角色",由此可知,男一号在男的的心目是笑星的形象,男的感觉这个演员选得不合适。正确答案是A。

27.

男:这套沙发能不能再便宜一点儿?
女:先生,因为现在是我们店庆五周年优惠活动期,我们店里所有商品的价格都已经是最低价格了。
男:你们店的东西太贵了,对面那家商场里的沙发还不到三千。
女:先生,一分价钱一分货,我们这儿也有两千多的沙发,您可以比较一下质量再选择。
问:关于这套沙发,可以知道什么?

A 可以送货上门　**B 价格不能再低**
C 颜色不太好看　D 质量有些不好

【题解】听力材料中女的说"所有商品的价格都已经是最低了",而这套沙发自然也包括在她们店所有商品的范围内,由此可知,这套沙发的价格不能再低了。正确答案是B。

28.

女:你现在还在会场吗?
男:我在打扫会场,马上就回公司了。
女:你现在先去长城找王经理,晚上咱们的聚餐是安排在那儿的,你去和他谈谈具体的事情。
男:好的,我知道了。
问:女的让男的去哪儿?

A 会场　B 公司　**C 饭店**　D 旅行社

【题解】听力材料中"晚上咱们的聚餐是安排在那儿的",能安排聚餐的地方在四个选项中最可能的就是"饭店",而"那儿"就是指"长城的王经理"那儿,"长城"应该是饭店的名字,女的让男的去饭店和王经理谈安排晚上聚餐的事情。正确答案是C。

29.

女:你们的婚纱照在哪儿拍的?真漂亮!
男:这是在北戴河啊,你上次不是和王玲一起去过那儿吗?
女:上次去的时候,倒还真没发现这么美的海景。
男:这你就不知道了吧,摄影师知道什么时候的海景最美。
问:根据对话,可以知道什么?

A 他们现在在看照片
B 王玲现在在北戴河
C 女的想去拍婚纱照
D 男的是一位摄影师

【题解】根据"你们的婚纱照在哪儿拍的?真漂亮"可以知道,女的正在看男的的婚纱照，认为很漂亮。正确答案是 A。

30.

男：你今天怎么不骑自行车来上班了？不是说开车不环保吗？
女：今天外面的风实在是太大了，骑自行车会弄得一脸都是灰。
男：北京的春天就是这样，太阳很好，风很大。
女：这样看来，还是我们老家那儿好，起码这种大风天气很少。
问：女的今天为什么开车？

A 在赶时间　　**B 觉得外面脏**
C 自行车坏了　D 想回家看看

【题解】根据"骑自行车会弄得一脸都是灰"可以知道，女的选择今天开车去上班，是因为外面风大，刮得到处都很脏，她怕"弄得一脸都是灰"。正确答案是 B。

第 31 到 33 题是根据下面一段话：

小张是一个极为幽默的警官，无论遇到什么案件或难题，总能很快地解决。

有一天，三位女士为了一点儿小事，大吵大闹来到警察局。她们你一言，我一语，谁也不肯让谁先说，吵吵闹闹的，害得别人无法办公，连局长都没有办法。小张说了句："(31)请你们中间年纪最大的一位先说吧。"话音刚落，房间里顿时安静了下来。

在一次执勤的时候，小张竟然抓住一个正在被追逃的(32)男扮女装的要犯。警长问他："罪犯男扮女装，你怎么认得出来？"小张说："(33)我看他没有女人的习惯。她走过时装店、食品店和美容院的时候，连看都没朝里看一眼，我就知道这里边有问题。"

31. 女士们为什么安静了？

A 害怕被罚更多的钱
B 觉得小张说得有道理
C 认识到了自己的错误
D 不肯承认自己比别人老

【题解】三位女士吵吵闹闹是因为她们"谁也不肯让谁先说"，而小张请她们中间"年纪最大的一位先说"，也就是无论谁先说，就承认了自己比另外两位女士的年纪大，由此可知，她们安静下来，是没人肯承认自己比其他两位的年龄大。正确答案是 D。

32. 关于这个罪犯，下列哪项正确？

A 带着枪　　**B 化了装**
C 受伤了　　D 有些瘦

【题解】在听力材料中对这个罪犯的描述是"男扮女装的要犯"，由此可知这个罪犯把自己装扮成一个女人的样子。正确答案是 B。

33. 小张能抓住罪犯主要是因为什么？

A 同事的配合

B 群众的帮助

C 局长的指挥

D 细心的观察

【题解】根据听力材料中"我看他没有女人的习惯。她走过时装店、食品店和美容院的时候，连看都没朝里看一眼，我就知道这里边有问题"可以知道，正是由于小张细心观察到了罪犯没有女人的习惯动作，发现他是男扮女装，才进一步发现他就是被追逃的罪犯。正确答案是 D。

第 34 到 37 题是根据下面一段话：

有个孩子，每天早上负责清扫院子里的落叶。

清晨起床扫落叶实在是一件烦人的事情，尤其在秋冬之际，每一次起风时，树叶总随风飞舞。(34)每天早上都需要花费许多时间才能清扫完树叶，这让这个孩子很苦恼。他一直想要找个好办法让自己轻松些。

后来邻居的孩子跟他说："(35)你在明天打扫之前先用力摇树，把落叶统统摇下来，后天就可以不用扫落叶了。"小孩觉得这是个好办法，于是第二天他起了个大早，使劲地猛摇树，(36)这样他就可以把今天跟明天的落叶一次扫干净了。一整天小孩儿都非常开心。

过了一天，小孩儿到院子里一看，他不禁傻眼了。院子里如往日一样满地落叶。

他的父亲走了过来，对小孩儿说："傻孩子，无论你今天怎么用力，明天的落叶还是会飘下来。"小孩儿终于明白了，(37)世上有很多事无法提前，明天的烦恼，今天无法解决，只要努力做好今天的事情就可以了。

34. 这个小孩为什么很苦恼？

A 每天都要起得很早

B 要花很长时间扫树叶

C 邻居家孩子欺负自己

D 没有适合自己的工具

【题解】根据"每天早上都需要花费许多时间才能清扫完树叶，这让这个孩子很苦恼"可以知道，这个孩子苦恼自己每天花很长时间扫树叶。正确答案是 B。

35. 邻居的孩子出了个什么主意？

A 把院子里的树砍掉

B 半夜起来打扫树叶

C 找朋友来一起清理

D 先把树上的叶子摇掉

【题解】"你在明天打扫之前先用力摇树，把落叶统统摇下来"可以说明，邻居孩子让这个孩子提前把树上的叶子摇下来。正确答案是 D。

36. 小孩儿为什么很开心?

A 自己多了个好朋友

B 得到了父亲的表扬

C 不用每天打扫

D 邻居帮自己扫了树叶

【题解】小孩儿听了邻居孩子的建议,认为“他就可以把今天跟明天的落叶一次扫干净了”,解决了让他苦恼的问题,所以感到很开心。正确答案是C。

37. 小孩儿明白了什么?

A 要做一个诚实的孩子

B 要学会理解原谅对方

C 不能随便相信别人的话

D 不要过分担心明天的事

【题解】根据“世上有很多事无法提前,明天的烦恼,今天无法解决,只要努力做好今天的事情就可以了”可以知道,小孩明白,无论今天怎么摇树,明天还是一样有落叶飘下来,对明天的事情过分担心并没有任何作用,因此正确答案是D。

第38到41题是根据下面一段话:

五年前小王在一家营销公司工作,当时一位朋友找小王,说他们公司想做一个小规模的市场调查。朋友说,这个市场调查很简单,他自己再找两个人就完全能做,只是他(38)不方便出面,希望小王把业务接下来,事情由他来做,最后的市场调查报告由小王负责签字,完成后会给小王一笔费用。

这的确是一笔很小的业务,没什么大的问题。(39)报告出来后小王也很明显地看出其中存在的问题,但小王简单地签了自己的名字,就把它交了上去。对小王而言,这事就这样过去了。

有一天,几位朋友拉小王组成一个项目小组,一块儿去完成北京新开业的一家大型商城的整体营销方案。不料,对方的业务主管明确提出对小王的印象不好,(40)原来这位先生正是那个市场项目的委托人。

这件事给小王以极大的刺激,现在回头来看,(41)当时小王得到的那点钱根本就不值一提,但为了这点钱,小王竟给自己造成了如此之大的损失。

38. 朋友希望小王做什么?

A 帮自己写调查报告

B 去做一份市场调查

C 帮自己出面接一项业务

D 找两个人帮自己工作

【题解】听力材料中朋友想“做一个市场调查”、“自己再找两个人”,但他希望小王做的只是“把业务接下来”,在此要注意的是选项A,“最后的市场调查报告由小王负责签字”说明了朋友并没有让小王帮自己写调查报告,只是需要小王在报告上签字而已，所以正确答案是C。

39. 对于报告里存在的问题，小王的态度是怎么样的？

A 并没放在心上

B 向委托人反映

C 要求朋友改过来

D 自己改了过来

【题解】根据“报告出来后小王也很明显地看出其中存在的问题，但他简单地签了自己的名字，就把它交了上去”可以知道，小王并没有重视报告里存在的问题。正解答案是A。

40. 那位业务主管为什么对小王的印象不好？

A 觉得他工作态度不好

B 觉得他对自己没礼貌

C 认为他的工作能力差

D 认为他的形象有些差

【题解】根据“原来这位先生正是那个市场项目的委托人”可以知道，当年小王很草率地就在调查报告上签上了自己的名字，对报告中明显存在的问题视而不见，这种不负责任的工作态度让那位先生一直记在心里。正确答案是A。

41. 得知主管对自己印象不好的原因后，小王会是什么样的心情？

A 非常愤怒 **B 十分后悔**

C 有些着急 D 相当自豪

【题解】根据“当时小王得到的那点钱根本就不值一提，但为了这点钱，小王竟给自己造成了如此之大的损失”可以知道，小王当初不认真的工作态度导致他现在失去了一个极好的机会，最符合小王当下心情的应该是B。

第42到45题是根据下面一段话：

在一个小村落，一位老人一天在野外捡到了一只公羊。(42)这只公羊不仅长相奇特、配种能力强，而且由它配种产出的那些小羊肉味道鲜美。一传十、十传百，老人拥有一只奇特公羊的消息很快传遍了四邻八村，大家都争相来观看这只公羊。后来，有人就提出要拿5万元来买走这只公羊，(43)老人却不肯卖出，因为他实在是太喜欢这只公羊了。

那人被老人拒绝后并不死心，竟提出要拿20万元来买走这只公羊，他以为老人会动心，但老人还是摇摇头不答应。可从这以后，想得到这只公羊的人越来越多，公羊受到了惊吓，甚至不愿配种了，而老人还不得不日夜派人来看护这只公羊。这样长期下去也不是个办法，老人想了很久，决定带着由公羊配种生出的那些小羊去参加一个拍卖会。

在拍卖会上很多人争相竞价，

要买走那些小羊，但出人意料的是，老人竟把小羊卖给了那个出价最低的人，而每只小羊的价格只有200元。正当人们为老人的行为不解时，老人说话了："(44)那些小羊只是羊，它们也只值羊的价格，而我的那只公羊也只是一只羊，它也只值羊的价格，这是没有争议的。"

(45)当老人把他的那些小羊以普通羊的价格售出后，再也没人希望得到那只公羊了。公羊得到安宁，由它配种生出的小羊渐渐多起来。发展到后来，老人不仅自己有钱了，也带领乡邻们富起来，而老人更是赢得了很多人的尊重。

42. 关于那只羊，下列哪种说法正确？

A 个子非常大

B 还没有成年

C 领导能力很强

D 长相与众不同

【题解】"奇特"的意思是希奇特异、不同一般，根据听力材料中"这只公羊不仅长相奇特"可以知道，这只公羊长得与其他羊不一样。正确答案是D。

43. 老人为什么没有卖那只羊？

A 想把羊还给主人

B 觉得五万块太少

C 不舍得把羊卖掉

D 买羊的人态度不好

【题解】根据听力材料中"老人却不肯卖出，因为他实在是太喜欢这只公羊了"，可以知道，老人不卖这只羊，是因为自己太喜欢它，不舍得卖。正确答案是C。

44. 老人以低价卖出小羊，是想让大家知道什么？

A 他的羊很普通

B 他非常同情穷人

C 他不喜欢被人打扰

D 那只公羊不在他那儿了

【题解】老人说"那些小羊只是羊，它们也只值羊的价格，而我的那只公羊也只是一只羊，它也只值羊的价格，这是没有争议的"，可见，老人参加拍卖会就是想让大家知道，他的那些羊很普通，并不值很多的钱。正确答案是A。

45. 这位老人是个什么样的人？

A 非常糊涂　　B 胆小怕事

C 充满智慧　　D 有些小气

【题解】根据"当老人把他的那些小羊以普通羊的价格售出后，再也没人希望得到那只公羊了"可以知道，老人想了一个办法，很轻易地就打消了众人想得到那只公羊的念头，从而换来了安宁，因此证明，老人充满智慧，是个十分聪明的人。正确答案是C。

听力考试现在结束。

阅读部分题解

第一部分

第46—60题：请选出正确答案。

46—48.

> 一个小女孩儿和她的父亲过桥。父亲担心自己的女儿，于是他对女儿说："握住我的手，这样，你就不会落入河中了。"
>
> 小女孩儿 ___46___ 了一下说："不，爸爸，你握住我的手。"
>
> "这有什么区别吗？"父亲不解地问。
>
> "这有很大的不同，"小女孩儿回答说，"如果我握住你的手，事情发生在我身上的时候， ___47___ 我走不稳要掉下河去，我 ___48___ 能拉住你，并可能放开你的手。但是，如果你握住我的手，不管发生什么事情，你都不会让我掉下去的。"

46. A 慌张　B 幻想　**C 犹豫**　D 委屈

【题解】A 项"慌张"表示心里担心，动作忙乱；B 项"幻想"表示对还没有实现的事物的想象；C 项"犹豫"表示拿不定主意；D 项"委屈"表示因为受到不应该有的指责和待遇觉得心里难过。小女孩儿的动作并不忙乱，排除 A 项。爸爸担心小女孩儿，因此小女孩儿不会觉得委屈，排除 D 项。爸爸让小女孩儿握住他的手，但是小女孩儿没有，因此本题选择 C 项，表示没有马上决定。

47. **A 比如**　B 相似　C 相同　D 要不

【题解】A 项"比如"表示举例；B 项"相似"表示有相同点；C 项"相同"表示完全一样，两者意思相近；D 项"要不"是如果不是这样。根据上文，小女孩儿在假设发生了事情，"走不稳要掉下河去"只是发生事情的一种可能，是小女孩儿说的例子，因此本题选择 A 项。

48. A 肯定　**B 未必**　C 相信　D 不免

【题解】A 项"肯定"表示没有疑问，一定；B 项"未必"表示不一定；C 项"相信"表示认为正确，不怀疑；D 项"不免"表示不可避免，一定会。根据下文的"可能放开你的手"也就是说不一定能握住。本题选择 B 项。

49—52.

> 有一个中年妇女去买彩票，花四十元买了二十张，她撕开一张，没中，又 ___49___ 希望地撕开一张，还是没中。一连撕了十几张，都跟中奖号码差之千里。最后她 ___50___ 了，马马虎虎地撕开几张后，连同最后

一张没撕开的彩票 __51__ 。

正好一位路过的老者看见了，他低头把那张彩票 __52__ 了起来，你可能猜到了——他获得了头等奖：一辆非常漂亮的汽车。

49. A 实现　B 形成　**C 充满**　D 包括

【题解】A 项“实现”表示使成为事实；B 项“形成”表示通过发展变化而成为具有某种特点的事物，或者出现某种情形或局面；C 项“充满”表示充分具有；D 项“包括”表示里边含有，多指具体事物，或者列举各部分。根据文章，中年妇女买彩票没有中，因此排除 A 项。D 项“包括”的宾语多是具体事物，“希望”是抽象事物，排除 D 项。“希望”不是通过发展变化而来的，B 项不正确。中年妇女买彩票是希望能中奖，而且她买了很多，可以看出她的希望很大。本题选择 C 项。

50. **A 不耐烦**　B 不要紧
　C 不见得　D 不得了

【题解】A 项“不耐烦”表示没有耐心、急躁；B 项“不要紧”表示没关系；C 项“不见得”表示不一定；D 项“不得了”表示非常严重，或者程度很深。根据文章，中年妇女撕了很多彩票，可是后来就马马虎虎地撕，最后不撕了，可以看出，她没有耐心，不再做了。本题选择 A 项。

51. A 都送给了别人
　B 全装进了包里
　C 一块儿扔到了地上
　D 一起还给了卖彩票的人

【题解】根据文章，中年妇女买了彩票，可是得奖的是一个老者，那么彩票不可能在中年妇女的包里，因此排除 B 项。老者没有买彩票，也就是说中年妇女没有把彩票退回去。中年妇女买彩票是想中奖，不能可能把彩票送给别人，A 项不正确。如果不是中年妇女把彩票送给老者，那么最有可能的是妇女扔了彩票，老者才得到了彩票。本题选择 C 项。

52. A 选　B 买　**C 捡**　D 扶

【题解】根据上文的选择，妇女把彩票扔了，而老者得到了彩票，只能是老者把彩票“捡”起来了，“捡”表示把地上的东西拿起来。本题选择 C 项。

53—56.

有一家著名学院发生了一件“学校大事”。

校方在工程检查后发现，有 350 年历史的学校会场的安全性已经出了问题。二十根由巨大橡木制成的支架，已经风干损坏，必须得抽换才行。

校方也请人估算了将橡木更新的价格，由于那么巨大的橡木已经非常少了，预估每根橡木要花 25

万元，才能完成这___53___工程，但也没___54___能找到那么多的橡树。

巨款一算出来，校方傻了眼，如果不想办法让大家捐钱，恐怕没有办法进行整修。

这时，却有个天降的好消息化解了危机。学校园艺所负责人前来___55___：在350年前，设计该会场的建筑师，已经想到后代会面临的困境，所以早早请园艺人员在学校所拥有的土地上种植了一片橡树林，现在，每一棵橡树的大小，早就超过了支架所需。

在350年后，这位建筑师的___56___，这才是真正的远见。

53. A 份　**B 项**　C 片　D 种

【题解】A 项"份"是用于搭配成组的东西或报刊、文章的量词；B 项"项"用于分项目、门类的事物，比如工作、任务等；C 项"片"用于平而薄的东西、如地面、水面、景色和气象等；D 项"种"表示种类，用于人和任何事物。"工程"和"任务"、"工作"是一类的。本题选择B项。

54. A 理由　B 道理　**C 把握**　D 幸运

【题解】A 项"理由"表示原因；B 项"道理"表示事情或论点的是非得失的根据；C 项"把握"表示成功的可能性；D 项"幸运"表示好运气，出乎意料的好机会。A 项"理由"、B 项"道理"意思相近，两个选项都排除。根据文章，学校要找很多大橡树，如果选择 D 项，意思就是学校一定找不到那么多橡树，这不符合题意，D 项不正确。由于现在那么大的橡树已经非常少了，因此学校不一定能找到那么多，C 项"把握"表示一种可能，"有把握"就是觉得一定能成功，"没把握"表示不能确定，因此本题选择 C 项。

55. A 咨询　B 接待　C 说服　**D 汇报**

【题解】A 项"咨询"表示问意见；B 项"接待"表示对宾客或顾客表示欢迎并给以应有的待遇；C 项"说服"表示用理由充分的话使对方心服；D 项"汇报"表示综合资料向上级报告。根据文章，园艺所的负责人是来告诉校方事情的，不是问，A 项不正确。园艺所负责人来告诉校方，也就是说负责接待的应该是学校方面，比如校长办公室的人员，园艺所负责人是受到接待的一方，B 项不正确。对校方来说，园艺所负责人带来的消息是个好消息，解决了校方的问题，不需要劝说校方就会主动接受，C 项不正确。根据文章，园艺所是学校的，园艺所的负责人就是学校的教职员，那么校方就是他的上级，因此本题选择 D 项"汇报"。

56. A 名气越来越大了

B 学生也成了大师

C 技术更值得称赞

D 用心让人不得不佩服

【题解】文章没有提到建筑师的学生，B项不正确。350年以后，学校的整修工程跟这位建筑师的关系已经不大了，他的技术也不会有变化了，C项不正确。这位建筑师已经想到了350年后的问题，很有可能名气比以前更大，但是这一点文章没有提到，反而建筑师想到了350年后的困难，这件事是文章的重点，也是本文最后所说的"远见"，因此本题选择D项。

57—60.

> 穿行在＿57＿中的两个人是一对好朋友。途中，两个人发生了＿58＿的争吵，其中一个人打了另一个人一记响亮的耳光。被打耳光的这个人什么话也没说，只是在沙子上写上："今天，我最好的朋友在我脸上打了一耳光。"
>
> 他们继续行走，终于发现一片绿洲，两人迫不及待地跳进水中洗澡。很不幸，被打耳光的那个人遇到了危险，眼看就要沉到水底，＿59＿他的朋友舍命相救，他终于脱险了。被救的人什么话也没有说，只是在石头上写上："今天，我最好的朋友救了我的命。"
>
> 打人和救人的这个人问："我打你的时候，你记在沙子上；我救你的时候，你记在石头上，为什么？"
>
> 另一个人答道："当你有负于我的时候，我把它记在沙子上，风一吹，什么都没有了，而当你救我的时候，我把它记在石头上，＿60＿。"

57. **A 沙漠**　B 森林　C 山路　D 田野

【题解】"绿洲"是沙漠中有水、草的地方，根据下文中的"终于发现一片绿洲"，可以选择A项。

58. A 热情　B 疲劳　**C 激烈**　D 热闹

【题解】A项"热情"表示热烈的感情，多形容人的态度；B项"疲劳"表示消耗过多需要休息；C项"激烈"表示动作、言论等很剧烈；D项"热闹"表示景象繁盛活跃。根据文章，两个朋友在争吵，声音一定很大，而且一个人还打了另一个人，都是动作和言语方面，因此本题选择C项。

59. A 居然　**B 幸亏**　C 毕竟　D 始终

【题解】A项"居然"表示意外，没想到；B项"幸亏"表示由于偶然出现的有利条件而避免了某种不利的事情；C项"毕竟"表示追根究底所得的结论，强调事实或者原因；D项"始终"表示从开始到最后。根据文章，一个人遇到了危险，这是不利的事情，但是朋友救了他，使他脱险了，不利的事情没有发生，因此本题选择B项。

60. A 风是吹不走石头的

B 这块儿石头对我很重要

C 什么时候都不会忘记

D 石头就会变得很有价值

【题解】上文中的“而”表示转折，上文说“记在沙子上，风一吹，什么都没有了”，下文要表示转折，就是说“记在石头上，就不会什么都没有”，因此排除 B 项和 D 项。“风是吹不走石头的”不一定是事实，而且，这个人重视的不是那块儿石头，而是朋友救他的事，这个人不想忘记这件事，因此本题选择 C 项。

第二部分

第61—70题:请选出与试题内容一致的一项。

61.

长江黄金一号是目前长江上游尺寸最大、最豪华的邮轮,船上不仅可停靠直升机,还可以打高尔夫,还有露天游泳池等很多娱乐设施,就像一座江面上的五星级度假村。长江黄金一号于2月28日在重庆东风造船厂开工建造,5月22日,长江黄金一号下水首航。

A 长江黄金一号是度假村

B 长江黄金一号5月22日开始使用

C 人们喜欢在邮轮上打高尔夫球

D 长江黄金一号是尺寸最大的邮轮

【题解】长江黄金一号是邮轮,像五星级度假村,但不是度假村,A项不正确;5月22日长江黄金一号下水首航,说明是第一次使用,B项正确;邮轮上有高尔夫球场不能说明人们喜欢在邮轮上打高尔夫球,C项不正确;长江黄金一号是目前长江上游尺寸最大的邮轮,D项缺少限制条件,不准确。

62.

世上最早发现并利用茶的人据说是神农氏。相传在公元前2737年时,他意外地喝到加了野生茶树的叶子所煮的水,觉得异常舒服。在公元780年左右,陆羽将他对茶考察和经验集结成《茶经》,这是世上第一部茶书。而在此之前,人们对茶的叫法比较混乱,陆羽在书里则统一用其中的"茶"字,对于后世确立以"茶"字为总称起到了关键作用。

A 陆羽确立了"茶"为总称

B 陆羽写了历史上第一部茶书

C 世界上最早发现茶的是神农氏

D 神农氏喜欢喝茶树叶子煮的水

【题解】陆羽在书里统一用"茶"字对后世确立"茶"是总称很重要,因此"茶"作为总称不是陆羽确立的,A项不正确;陆羽写的《茶经》是世上第一部茶书,B项正确;据说最早发现利用茶的是神农氏,不一定是事实,C项不正确;据说神农氏喝到茶树叶子煮的水觉得舒服,没有提到他是否喜欢喝,D项不正确。

63.

火把节是西南一些少数民族古老而重要的传统节日,有着深厚的民俗文化内涵,被称为"东方的狂欢节"。不同的民族举行火把节的时间也不同,大多是在农历的六月二十四日,主要活动有斗牛、斗羊、斗鸡、赛马、歌舞表演、选美等。在新时代，火把节有了新的民俗功能，产生了新的形式。

A 火把节的主要内容是表演
B 火把节在农历六月二十四日
C 火把节是西南地区的重要节日
D 现在的火把节和以前不太一样

【题解】火把节的主要活动有很多，不只是表演，A 项不正确；不同民族的火把节时间不同，不是所有火把节都在农历六月二十四日举行，B 项不正确；火把节是西南一些少数民族的重要节日，C 项不正确；新时代的火把节有新功能、新形式，和以前不太一样，D 项正确。

64.

《水浒传》是中国历史上第一部用白话语言写成的长篇小说，原名《江湖豪客传》。《水浒传》的题名是由罗贯中所命，在当时为禁书。《水浒传》的作者历来有争议，一般人认为是施耐庵和罗贯中据民间流传宋江起义的故事所写的。

A《水浒传》是一本禁书
B《水浒传》是民间流传的故事
C《水浒传》是中国长篇白话小说
D《水浒传》的作者是施耐庵和罗贯中

【题解】《水浒传》在当时是一本禁书，现在不是，A 项不正确；《水浒传》是根据民间故事写的，和民间故事不是完全一样的，B 项不正确；《水浒传》是中国历史上第一部用白话语言写成的长篇小说，C 项正确；《水浒传》的作者是有争议的，一般人认为是施耐庵和罗贯中，不一定是事实，D 项不正确。

65.

ISO 是国际标准化组织的英语简称，来源于希腊语“ISOS”，是平等之意。国际标准化组织是由各国标准化团体组成的世界性联合会。制定国际标准工作通常由 ISO 的技术委员会完成。中国是 ISO 的正式成员，代表中国的组织为中国国家标准化管理委员会。

A ISO 是希腊语的词语
B 国际标准化组织是世界性组织
C 国际标准由 ISO 的技术人员制定
D 中国国家标准化管理委员会制定中国的标准

【题解】ISO 是英语简称，来源于希腊语，不是希腊语，A 项不正确；国际标准化组织是各国标准化团体组成的世界性联合会，是一个世界性组织，B 项正确；通常是 ISO 的技术委员会制定国际标准，C 项不正确；中国国家标准化管理委员会是在 ISO 代表中国的组织，短文没有提到委员会的工作，D 项不正确。

66.

> 冬虫夏草，又称为夏草冬虫，简称虫草。在国外一些人的概念中，冬虫夏草是一个统称。然而事实上，中国传统的中医药学和我国绝大部分人所指的冬虫夏草，是特指中华虫草菌寄生后形成的结合体，仅分布于我国青藏高原及周边地区。

A 冬虫夏草是传统中药

B 虫草分为冬虫夏草和夏草冬虫

C 国内外说的冬虫夏草不完全一样

D 冬虫夏草不仅分布在中国

【题解】短文没有提到冬虫夏草是否是传统中药，A 项不正确；冬虫夏草和夏草冬虫是虫草的不同的名字，B 项不正确；在国外一些人的概念中冬虫夏草是一个统称，中国传统的中医药学和中国人说的冬虫夏草是特指的，C 项正确；冬虫夏草仅分布于中国某些地区，D 项不正确。

67.

> 鬼谷子，名王诩，是东周战国时卫国人，住在朝歌附近的鬼谷，自称鬼谷先生。鬼谷子是中国历史上一位极具神秘色彩的人物，是春秋战国时期著名的思想家、谋略家、兵家、教育家，是纵横家的始祖，历史上有名的军事家孙膑、庞涓，纵横家苏秦、张仪都是他的学生。

A 住所是鬼谷子名字的来源

B 鬼谷先生是别人给王诩起的名字

C 鬼谷子是中国历史上最神秘的人物

D 历史上有名的军事家都是鬼谷子的学生

【题解】鬼谷子住在朝歌附近的鬼谷，自称鬼谷先生，说明起这个名字是因为他住的地方，A 项正确；鬼谷子是自称，不是别人起的名字，B 项不正确；鬼谷子是历史上极具神秘色彩的人物，不是最神秘的，C 项不正确；历史上有名的军事家孙膑、庞涓是鬼谷子的学生，不是所有的军事家都是他的学生，D 项不正确。

68.

> 我们快考试了，同屋十分感慨地跟我说："通过这段时间的复习，我发现，书与游戏机是分不开的。"我以为他有了什么新发现要说，谁知道他接着说："每当我玩游戏机时，总会想到该去看书了；可是每当我打开书开始复习时，却又放不下游戏机。"

A 我很喜欢自学

B 书和游戏机是分不开的

C 同屋太爱玩游戏机了

D 同屋一边看书一边玩游戏机

【题解】A 项和短文内容无关，不正确；B 项只是同屋的看法，不是普遍的看法，B 项缺少限定的条件，不正确；同屋认为“书与游戏机是分不开的”是因为同屋把复习的时间用在了玩游戏上,这说明他太爱玩游戏机了。C 项正确;同屋玩游戏机的时候想看书,看书的时候想玩游戏机,不是同时进行的,D 项不正确。

69.

四象在中国传统文化中指青龙、白虎、朱雀、玄武,分别代表东西南北四个方向,源于中国古代的星宿信仰。在二十八宿中,四象用来划分天上的星星,也称四神、四灵。四象在春秋易传的天文阴阳学说中,是指四季天然气象。四象的概念在古代日本和朝鲜极度受重视,这些国家常称为四圣、四圣兽。

A 四象的概念和星象有关

B 四象只是用来表示四种方向

C 四象概念在日本、朝鲜极受重视

D 四象在日本、朝鲜没有改变名字

【题解】四象源于古代对星宿的信仰,说明四象的概念和星象有关,A 项正确;四象代表方向,也指四季,B 项不正确;四象在古代朝鲜受重视,C 项不正确;四象在日本、朝鲜常称为四圣、四圣兽,D 项不正确。

70.

羊群心理,也叫从众心理或群居本能,指追随大众的想法及行为,缺乏自己的个性和主见的状态。羊群心理是缺乏个性导致的思维或行为方式。社会上时常出现各种各样的热潮,例如抢购潮、择校潮、留学潮等等,这些热潮一般是引导者充分利用了许多人的羊群心理而形成的,也有许多时候,并不需要引导,人们觉得跟风对自己有利,便自觉地跟风。

A 跟风对人有利

B 人们跟风是需要引导的

C 羊群心理是可以被利用的

D 群居本能是指人们喜欢住在一起

【题解】人们觉得跟风有利时就自觉跟风,也就是说有时候跟风不一定有利,而人们觉得跟风有利的时候会自觉跟风,不需要引导,A 项、B 项都不正确;有些社会热潮是引导者利用羊群心理形成的,C 项正确;群居本能就是羊群心理,不是人们喜欢住在一起,D 项是字面意思,不正确。

第三部分

第71—90题：请选出正确答案。

71—75.

一个爱好登山的年轻人独自去登山。(71)在他登山的过程中，被一块儿很大的石头挡住了去路。他试图将石头推开，巨石却突然向下一滑，(72)将他的右手和前臂压在了旁边的石壁上。年轻人忍着剧痛，使劲用左手推巨石，希望能将手臂抽出来，然而千斤巨石凭一臂之力，怎能推得动？一点儿力气都没有了的年轻人终于知道，(73)最好还是保存体力，等待别人发现自己。然而第二天早晨，又累又饿，全身无力的年轻人从睡梦中醒来时才发现，他所在的地方太远，救援人员根本不可能找到这里，要想活命，唯一的办法就是断臂。(74)主意已定，年轻人折断自己的骨头，用随身带着的小刀切断右臂，然后艰难地顺着原路返回。虽然忍受了常人难以想象的巨痛，但这个年轻人最终自救成功。

在人生的旅途中，难免会像这位年轻人那样遇上险境，但如果能坚守住生命中最后一线希望，你就多了一次机遇。或许，正是那最后的努力，会让你收获一个亮丽的人生。

71. 年轻人在爬山时遇到了什么情况？

A 道路被堵住了

B 掉到了山下面

C 不小心摔倒了

D 在山上迷路了

【题解】根据文章，年轻人"在他登山的过程中，被一块很大的石头挡住了去路"，就是说道路被堵住了。A项正确。

72. 年轻人哪儿受伤了？

A 脚　B 腿　C 头部　**D 胳膊**

【题解】巨石压住了年轻人的右手和前臂，年轻人的胳膊受伤了。D项正确。

73. 年轻人最初打算：

A 大声呼救

B 给朋友打电话

C 自己想办法回家

D 等待有人来救自己

【题解】根据文章，年轻人希望有人能发现自己，说明他是在等别人来救自己。D项正确。

74. 第二天，年轻人做了什么举动？

A 把衣服扔到山顶

B 丢掉身上的东西

C 舍弃自己的手臂

D 找人把石头推开

【题解】年轻人用随身带着的刀切断了

右臂。说明他舍弃了自己的手臂。C项正确。

75. 用下面哪个词语来形容这个年轻人最合适?

A 害羞　B 善良　C 悲观　**D 勇敢**

【题解】A 项“害羞”表示因为胆小、怕生或做错事而心中不安;B 项“善良”表示心地纯洁,没有恶意;C 项“悲观”表示对事物发展没有信心;D 项“勇敢”表示不怕危险和困难。根据文章,年轻人切断了自己的手臂,救了自己,说明他很勇敢。本题选择 D 项。

76—80.

> 有对夫妇养了只鸭子,他们每天傍晚带着家里的宠物狗出门散步时,鸭子也要跟着去。(76)夫妇、鸭子、狗一同散步,这成了当地一道(77)罕见而有趣的景观。更为奇特的是,(78)那只鸭子学狗叫学得很像,很是逗人发笑。很快,这只鸭子便成了当地的奇闻。
>
> (80)其实,这只鸭子也是一般的鸭子,只是刚出世不久就被主人从农场领回家中喂养,自小跟两条宠物狗一起生活,处处受狗的影响,(79)不知不觉形成了一种自我形象的错觉:鸭子居然把自己当成了狗。
>
> 我们对比一下“狼孩儿的故事”,就会觉得:其实鸭子变得狗模狗样也是可能的。一件看似不可能的事情,只要有一股坚持的精神,往往也会变为可能。鸭子正是用它每日每时的执著,从不间断地模仿狗,始终坚持认为自己也是一只“狗”,于是,就发生了奇迹。

76. 当地有什么景观?

A 每家都喂许多鸭子

B 鸭子长得非常漂亮

C 鸭子有独特的本领

D 鸭子和狗跟主人一起出门散步

【题解】夫妇、鸭子和狗散步是当地的景观。本题选择 D 项。

77. 文章第一段中“罕见”的意思是:

A 非常珍惜　**B 很少见到**

C 不能理解　D 让人感动

【题解】狗跟主人散步很平常,但是鸭子跟主人散步很少见,这是“罕见而有趣的景观”,说明罕见是少见的意思。本题选择 B 项。

78. 这只鸭子有什么特点?

A 可以捉许多鱼

B 走路姿势好看

C 能逗主人开心

D 模仿其他动物

【题解】这只鸭子的特点是可以学狗叫,说明鸭子可以模仿其他动物。D 项正确。

79. 鸭子认为自己：

A 非常聪明　　B 特别珍贵

C 是一条狗　　D 长得漂亮

【题解】根据文章，鸭子在“不知不觉形成了一种自我形象的错觉：鸭子居然把自己当成了狗”。C 项正确。

80. 鸭子为什么会这样？

A 主人训练的结果

B 受到环境的影响

C 它有奇特的功能

D 在农场里学到的

【题解】这只鸭子“刚出世不久就被主人从农场领回家中喂养，自小跟两条宠物狗一起生活，处处受狗的影响”，因此鸭子认为自己是一只狗，说明这样的结果是环境的影响。B 项正确。

81—85.

在一家餐馆里，一位老太太买了一碗汤，在餐桌前坐下，突然想起忘记取面包，她起身去取面包，重又返回餐桌，然而令她吃惊的是，(81)自己的座位上坐着一位身材高大的年轻人，正在喝着她那碗汤。

“这个人怎么可以这样？他无权喝我的汤！”老太太气呼呼地想着，“可是，(82)也许他太穷了，太饿了，我还是别说什么了，不过也不能让他一人把汤全喝完了。”于是，老太太装着若无其事的样子，与年轻人同桌，面对面地坐下，拿起了汤匙，不声不响地喝起了汤。就这样，一碗汤被两个人共同喝着，你喝一口，我喝一口，两个人互相看看，都默默无语。这时，年轻人突然站起身，端来一大盘面条，放在老太太面前，面条上放着两把叉子。两个人继续吃着，吃完后，各自直起身，准备离去。“再见！”老太太友好地说。“再见！”年轻人热情地回答，他显得特别愉快，感到非常欣慰，(84)因为他自认为今天帮助了一位穷困的老人。年轻人走后，老太太这才发现，旁边的一张饭桌上，放着一碗无人喝的汤，正是她自己的那一碗。

(85)生活就是这样的纷繁复杂，人与人之间的误会和矛盾时常会发生，只要心地善良、互谅互让，误会和矛盾也能变得令人感动和难以忘怀。

81. 老太太拿面包回来发现了什么？

A 自己的汤不见了

B 位子被别人占了

C 店员忘了找钱

D 遇到了一位朋友

【题解】老太太发现“自己的座位上坐着一位身材高大的年轻人，正在喝着她那碗汤”，汤并没有不见，A 项不正确；年轻人也不是老太太的朋友，D 项不正确；年轻人坐了老太太的座位，说明老太太的位子被别人占了，B 项正确。

82. 老太太认为年轻人：

A 是个小偷　　**B 没钱吃饭**

C 坐错位置　　D 非常善良

【题解】老太太想也许年轻人太穷了、太饿了，因此本题选择 B 项，老太太觉得年轻人没钱吃饭。

83. 可以代替文中第二段“若无其事”的词语是：

A 不动声色　　B 默默无语

C 谦虚谨慎　　D 心中有数

【题解】A 项“不动声色”表示内心活动不从语气和神态上表现出来；B 项“默默无语”只表示不说话；C 项“谦虚谨慎”中“谦虚”表示不骄傲，“谨慎”表示对外界事物或自己的言行密切注意，以免发生不利或不幸的事情；D 项“心中有数”表示对事情和问题有了解，处理事情有把握。根据文章，老太太开始很生气，可是她并没有表现出来。本题选择 A 项。

84. 年轻人为什么感到很高兴？

A 餐馆的饭菜很好吃

B 认为自己做了件好事

C 吃了顿免费的饭菜

D 老太太对他表示友好

【题解】年轻人认为自己帮助了一位穷困的老人，这是做了一件好事。B 项正确。

85. 可以作为这篇文章题目的是：

A 看清自己　　B 换位思考

C 美丽的误会　　D 放弃也是得到

【题解】根据文章，老太太觉得自己帮助了一位没钱的年轻人，年轻人觉得自己帮助了一位穷困的老人，因此两个人都很高兴，最后文章说“误会和矛盾也能变得令人感动和难以忘怀”，本文最合适的题目是 C 项。

86—90.

有个中年男子，20 多岁进入一家银行时，因待遇不错，所以很满意。但工作了三年后，不免因固定的事务性工作而疲乏，有换跑道的念头，正好这时他结婚了，开始有经济压力。于是他便想：重新找工作后未必能有这么好的待遇，还是忍忍吧！

过了两年，妻子生孩子了，家庭的开销更大了。他又告诉自己：再等十年吧，等孩子长大了，(87)太太也可以出去工作，那时我再离开吧！

过了十年，他的孩子是长大了，但教育费用的压力随之而来。这时，他只好安慰自己说：没关系，就这样生活下去吧，等我退休了，一切都会转好的。为了这个家，反正我已没指望了，所有梦想也都没有了。但是，(88)等我退休后，起码我可以不再为工作烦心，可以带着太太去国外走一走，说不定那时还有余力换个好一点儿的房子。

等他快退休了，有一天逛百货公司，看到一套很喜欢的西装，想买，(89)但一看标价，啊，要1760元。想想：唉，反正家里还有两套西装，算了，退休后何必穿那么漂亮？继续逛下去，又看到一件纯羊毛背心很中意，但是，售价要430元。他随即念头一转：冬天还能冷几天？两个月很快就过去了，何必浪费？

人生有几个十年？这个人在等待中度过了一生，平凡普通。(90)他并不是没想过要改变现状，只是由于当时的压力、困境而放弃了，一生便注定无所作为。

86. 文中第一段“换跑道”的意思是：

A 换个单位　　B 改变性格

C 发现缺点　　D 希望升职

【题解】根据文章，他想“换跑道”，但是又觉得重新找工作，待遇不一定好，因此可以知道“换跑道”和“换工作”有关系，而换单位也表示换工作。本题选择A项。

87. 男子认为等到孩子十岁的时候：

A 自己的工作会更顺利

B 家庭经济压力会减轻

C 妻子就可以不用工作

D 要制订一个人生计划

【题解】根据文章，男子认为孩子十岁的时候，太太可以出去工作了，如果太太可以工作，家庭的经济压力就会减轻。因此本题选择B项。

88. 男子打算退休后：

A 再找份工作　　**B 到国外旅游**

C 去学些东西　　D 陪太太逛街

【题解】男子觉得退休后可以带太太到国外走一走。因此本题选择B项。

89. 男子为什么没买那套西服？

A 感觉太贵

B 穿着不舒服

C 家里西服很多

D 打算明年再买

【题解】男子看到标价，想“反正家里还有两套西装，算了，退休后何必穿那么漂亮”，男子并不知道衣服是否舒服，B项不正确；男子家里只有两套西服，C项不正确；男子很快就退休了，他认为退休后就不用穿那么漂亮了，因此以后不会再买，男子没买西服的原因是他看了标价以后觉得太贵，A项正确。

90. 根据本文内容，一个人要想有所作为要：

A 提高文化水平

B 有家人的支持

C 有份稳定的工作

D 有改变现状的勇气

【题解】根据文章，这个人想过改变，但是由于当时的压力、困难放弃了，所以他没有作为，因此要想有作为就不能因压力和困难放弃，要勇敢。本题选择D项。